글 박주혜
추계예술대학교에서 문예창작학을 공부하고 있습니다.
톡톡 튀는 상상력으로 통통 튀는 어린이책을 쓰기 위해 노력하고 있답니다.
재미있는 글을 써서 어린이들과 만나는 일이 가장 설레고도 즐겁습니다.

그림 신현정
대학에서 서양화를 전공하였습니다.
꿈 같은 동화 나라를 그려 나가는 게 무척이나 행복한 작가입니다.
오랜 세월이 흘러 할머니가 되어서도, 언제나 아이들이 꿈꿀 수 있는 그림책을 만들고 싶습니다.
그린 책으로는 〈ZOOGA from africa〉, 〈엄마 아빠 사랑해요〉, 〈키티〉, 〈색동 애벌레〉 등이 있습니다.

감수 신항균
성균관대학교 대학원 수학과를 졸업했습니다.
공군사관학교와 우석대학교 교수를 역임했고,
미국 애리조나 주립대학교 수학과 교환교수로도 활동한 바 있습니다.
지금은 서울교육대학교 수학교육과 교수로 재직 중이며,
동 대학교 초등수학교육연구소장으로 있습니다.
또한 서울교육대학교 영재교육원 운영위원으로도 활동하고 있습니다.
초등학교와 중학교, 고등학교에 이르기까지 수학교과서 집필책임교수로 활동했고,
저서로는 〈수학사와 수학이야기〉, 〈클릭 수학나라〉, 〈영재들의 1등급 수학교실 시리즈〉가 있습니다.

2단계 규칙 예측 25

후끈 왕국을 되찾아라!

글 **박주혜** 그림 **신현정** 감수 **신항균**
펴낸곳 **(주)아람키즈** | 펴낸이 **이소영** | 주소 **서울특별시 성동구 성수이로 147 아이에스비즈타워 2F**
고객센터 **1644-4521** | 팩스 **02-468-5548** | 홈페이지 **www.aramkids.co.kr** | 출판등록 **제2020-000011호**
기획 편집 디자인 **(주)아람키즈 하늘땅**
ISBN **979-11-6543-566-0 979-11-6543-509-7(세트)**

후끈 왕국을 되찾아라!

글 박주혜
그림 신현정
감수 신항균

아람키즈

꽁꽁 왕국은 땅이 아주 작았어요.

꽁꽁 왕국의 얼음 왕은
땅이 넓은 후끈 왕국을 부러워했지요.

꽁꽁 왕국 군사들은 *기회를 엿보다
후끈 왕국으로 쳐들어갔어요.

"으라차차! 으아아악!"

후끈 왕국

후끈 왕국 군사들은 열심히 싸웠지만
꽁꽁 왕국 군사들에게 지고 말았어요.

모닥불 왕과 불꽃 공주는 꽁꽁 *감옥에 갇혔지요.
후끈 왕국 군사들은 작은 섬으로 쫓겨났고요.

후끈 왕국은 모닥불 왕과 불꽃 공주가 없어서
아무도 불을 피울 수 없었어요.

"이대로는 안 되겠어.
화로 군사, 양초 군사, 성냥 군사, 모두 앞으로 ***전진!**"

후끈 왕국 군사들은 힘을 합쳐 왕과 공주를 구하기로 했지요.

후끈 왕국 군사들은 살금살금 앞으로 나아갔어요.
그런데 길이 갑자기 끊어져 있었어요.

알고 보니, 꽁꽁 왕국 군사들이 아무도 쳐들어오지 못하게
모든 길에 ***규칙**을 만들어 놓았던 거예요.
주변에는 빨강, 노랑, 파랑, 하양 벽돌들이 널려 있었지요.

"빨강 벽돌을 이어 붙여야 해!"

"아니야, 노랑 벽돌이야!"

후끈 왕국 군사들은 한참을 고민했지요.

그때 성냥 군사가 말했어요.

"아까 우리가 빨강, 노랑, 노랑 벽돌을 밟으며 왔잖아.

그러니까 빨강, 노랑, 노랑 순서로 벽돌을 붙여야 해."

군사들이 순서대로 벽돌을 붙이자 다시 길이 생겼어요.

한참을 걷고 있는데 갑자기 주위가 캄캄해졌어요.
"어디가 어디인지 알 수가 없어!"
게다가 쌩쌩 거센 바람이 불어와서
후끈 왕국 군사들은 오들오들 떨었지요.
그때 양초 군사 하나가 소리쳤어요.
"벽에 이상한 그림이 있어!"

벽에 달과 별 모양이 그려져 있었어요.
“달, 별, 달, 별……. 별과 달 사이가 비어 있는데?”
“빈 곳에 무언가를 그려 넣어야 해.”
후끈 왕국 군사들은 이것저것을 생각해 냈어요.
“불을 그려 보는 게 어때? 아니면, 구름?”
서둘러 불과 구름을 그려 보았지만 아무것도 변하지 않았어요.

"하늘에 떠서 빛나는 것들로
이루어진 게 아닐까?
그렇다면 눈부신 해가 정답이잖아!"
화로 군사 하나가 얼른 나서서
빈칸에 쓱쓱 해를 그렸어요.
해, 달, 별, 해, 달, 별,
규칙이 만들어졌지요.
그러자 갑자기 주위가 환해졌어요.
하늘에는 해가 둥실 떴고요.

해가 뜨자, 꽁꽁 왕국의 얼음벽이 녹기 시작했어요.

"너희가 감히 꽁꽁 왕국을 건드려?"

꽁꽁 왕국 군사들이 우르르 나왔어요.

"화로 군사 나가신다. 길을 비켜라!"

"찔러도 부러지지 않는 양초 군사다!"

"성냥 군사의 맛 좀 봐라!"

후끈 군사들은 규칙적으로 줄을 서서
꽁꽁 군사들을 무찌르기 시작했어요.

후끈 왕국 군사들 중에서
줄을 잘못 선 군사를 찾아 보세요.

하지만 꽁꽁 왕국의 감옥으로 내려가는
계단이 군데군데 녹아 없어지고 있었어요.
후끈 왕국 군사들은 얼른 주변을 살펴보았어요.

"가만…… 곰, 물개, 펭귄 그림이 반복해서 붙어 있잖아?"

"서둘러! 얼음 계단이 녹고 있어!"

후끈 왕국 군사들은 주변에 널린 그림 카드를 주워서
빈 곳에 붙이기 시작했어요.
그러자 다시 계단이 만들어졌지요.

위에서부터 빈 계단에 붙일 그림을
차례차례 이야기해 보세요.

후끈 왕국 군사들은 꽁꽁 왕국 군사들을 무찌르고
드디어 왕과 공주를 구할 수 있었어요.

모닥불 왕과 불꽃 공주는 감옥을 나오자마자
군사들에게 불꽃을 나누어 주었지요.
화로 군사, 양초 군사, 성냥 군사 모두 활활 타올랐어요.

꽁꽁 왕국 얼음 왕이 꽁꽁 묶여서 끌려 나왔어요.
모닥불 왕은 모든 군사를 한곳에 모았지요.
"이 모든 것이 꽁꽁 왕국 땅이 너무 좁아서 생긴 일인 것 같다.
우리 후끈 왕국의 땅을 꽁꽁 왕국에게 나누어 줄 테니
앞으로는 서로 싸우지 말자."
얼음 왕은 그 말을 듣고 눈물을 뚝뚝 흘렸어요.
모닥불 왕은 나누어 준 땅에 꽁꽁 궁전도 지어 주었지요.
두 왕국은 지금까지도 사이좋게 지내고 있어요.

엄마가 보기

반복되는 규칙을 알고 예측해 보아요

주변에는 일정하게 반복되는 규칙이 많습니다. 모양이나 소리처럼 확실히 알 수 있는 것도 있고, 시간처럼 눈에 보이지 않는 것도 있지요. 일정한 리듬이 반복되면 모두 규칙이 있다고 할 수 있습니다.

아침에 일어나면 엄마가 맛있게 만들어 주는 아침밥을 먹습니다. 점심에는 점심밥을, 저녁에는 저녁밥을 먹습니다. 그렇다면 아침밥, 점심밥을 먹은 뒤에는 무엇을 먹어야 할까요? 예쁜 벽지가 벽면을 두르고 있습니다. 벽지에 별, 하트, 하트, 별, 하트, 하트 모양이 일정하게 반복되고 있다면 별 다음에는 어떤 모양이 와야 할까요?
이처럼 우리 주변에는 일정한 규칙이 존재합니다. 월요일, 화요일, 수요일, 목요일, 금요일, 토요일, 일요일이 지난 다음 또다시 반복되는 것처럼 눈에 보이지 않는 규칙도 정말 많습니다. 아이들이 **일정한 규칙을 알고 나면 다음에 무엇이 올 것인지 예측**하게 되고 더불어 규칙에 대한 재미까지 느끼게 될 것입니다.

아이가 보기

후끈 왕국을 되찾아요!

꽁꽁 왕국의 군사들이 벽돌 길에 규칙을 만들어 놓았어요.
규칙대로 벽돌을 붙였더니 다시 길이 만들어졌지요.

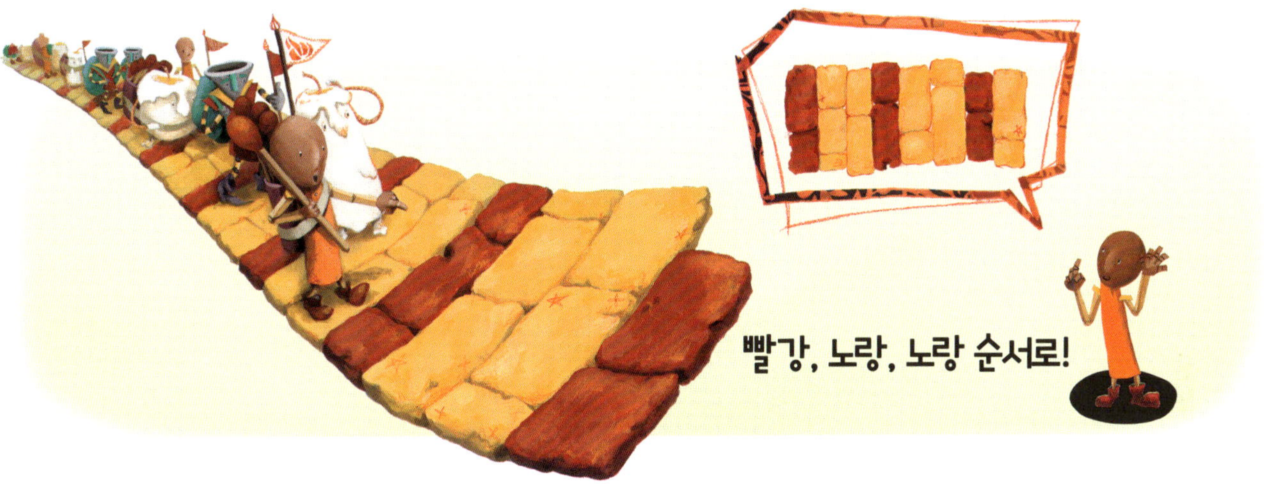

얼음 계단이 군데군데 녹아 없어지고 있어요.
규칙대로 그림 카드를 붙였더니 다시 계단이 만들어졌지요.

아이와 함께 하기

함께 해 보아요

아이들이 양말을 벽난로에 걸어 놓았어요. 그림을 보고 규칙을 찾아 다음 순서에 걸릴 양말에 ◯ 해 보아요.

헨젤과 그레텔이 조약돌을 따라 집으로 돌아가고 있어요.
그림을 보고 규칙을 찾아 빈칸에 들어갈 조약돌에 ○ 해 보아요.

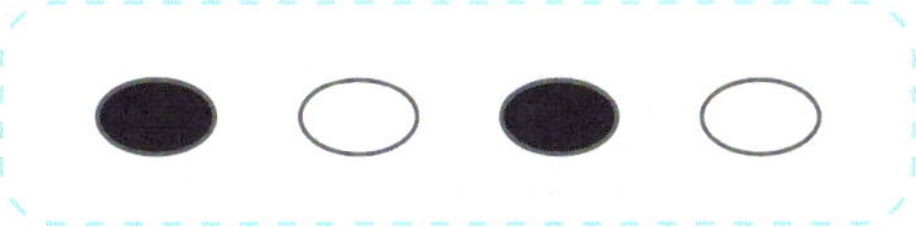

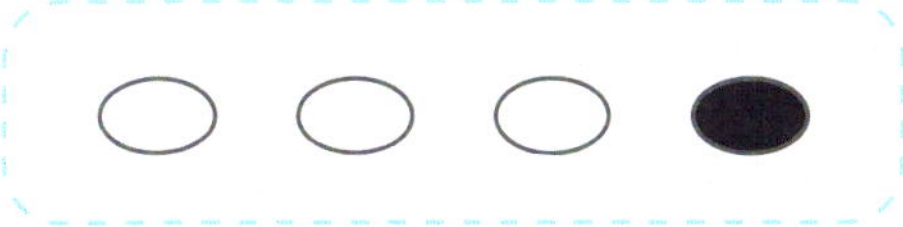

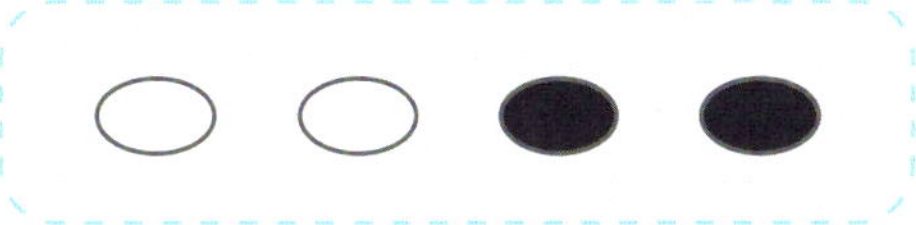

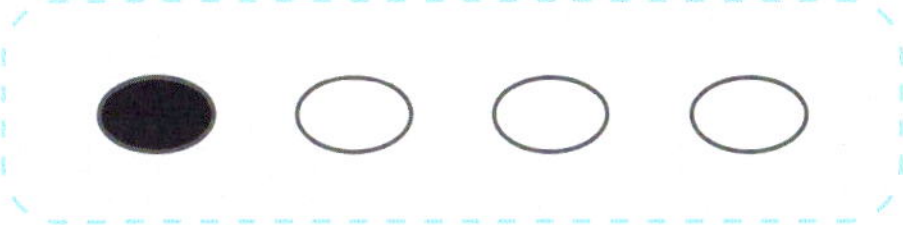